"人生学校"成立于 2008 年,是一个由英国知名作家阿兰·德波顿创建的文化平台,旨在通过电影、工作坊、图书、礼物以及温暖又富于支持的社群,来帮助人们过上更充实、更有意义的生活。在优兔平台已经拥有超过 900 万订阅者。

很多人在年轻时天真地以为校园学习就是掌握全部知识的途径,长大后才发现在学校里很多东西是学不到的,很多问题更是连思考的机会都没有。德波顿利用自己的影响力创办"人生学校",挑战传统大学教育,重新组织知识架构,令其和日常生活更贴近,让文化更好地为人们服务。

"人生学校"出版的图书都与人们日常生活中的重要问题直接相关,并相信最为棘手的问题皆因缺乏自我觉知、同理心和有效沟通而起。本次首批引进的 11 册,聚焦于情感议题,从如何寻找一个合适的伴侣,到如何长久地经营一段亲密关系,给出了全方位的建议。

扫码关注

我们提供知识 以应对变化的世界

人生学校·The School of Life

如何面对婚姻的考验

[英]阿兰·德波顿 / 主编
[英]人生学校 / 著　马思遥 / 译

中信出版集团 | 北京

(Affairs) ♡

By

The School of Life

目录

一、出轨简史 / 001

二、出轨的开端 / 013

三、什么样的夫妻关系更容易导致出轨 / 029

四、性在出轨中的作用 / 041

五、伴侣出轨时,我们感到沮丧的原因 / 047

六、出轨的"乐趣" / 051

七、出轨带来的痛苦 / 067

八、如何减少出轨的可能 / 077

九、出轨被发现后,理想的状况是什么 / 089

十、如何减少出轨的冲动 / 095

十一、想要出轨也没那么容易 / 105

十二、出轨者的经典结局 / 117

一、出轨简史

"在我们所处的时代,
出轨就是一场灾难。"

出轨指的是婚姻中至少一方与婚姻之外的他人产生恋情或发生性关系的行为。在我们所处的时代，出轨就是一场灾难，可能是我们一生中会遇到的最严重的背叛。出轨预示着无边无尽的痛苦，往往会导致婚姻的结束，也经常会伴随着强烈的道德谴责。大家会将出轨事件的当事人分为"好人"（被出轨的一方）和"坏人"（出轨的一方）。

然而，在尝试理解出轨本身、出轨带来的痛苦、出轨的吸引力（虽然大家不太愿意提这个）的时候，我们应该明白，我们对出轨的解读其实受制于所处的时代。

从漫长的人类历史来看，我们现在对出轨的理解非常畸形。人类一直都有出轨行为，但出轨的含义随着社会和时代的演进一直发生着巨大的转变。为了更深入地了解婚姻之外的关系，我们需要回顾出轨的历史，并简单展望一下出轨的未来。

（今）厄瓜多尔基多，1532 年

印加帝国皇帝阿塔瓦尔帕的后宫遍布印加帝国，据说佳丽足有三千，但几乎没有人因为这一点而降低对他的评价。当时，所有的贵族都有数以百计的妾室。关于政府工作人员的情妇数量，甚至还有官方规定：省长最多可以拥有 20 个情妇，小村子的村长最多可以拥有 8 个情妇。当时，出轨不是罪过，而是衡量一个人尊严和地位的核心指标。

一、出轨简史

法国凡尔赛,1745 年 6 月

法国国王路易十五在 15 岁那年娶了被推翻的波兰国王斯坦尼斯瓦夫一世的女儿玛丽亚·莱什琴斯卡为妻。到了 1745 年,他 35 岁,两人的婚姻已经维持了 20 年。没人指望路易十五会爱上玛丽亚,而他也确实不爱她。这一年,路易十五对美丽优雅的蓬帕杜尔夫人暗生情愫,而 25 岁的她也已婚。蓬帕杜尔夫人很快就从路易十五的众多情人当中脱颖而出。整个宫廷都为路易高兴,却没有人为皇后感到特别难过。皇后把精力用在了音乐和阅读上,过了一段时间,她也有了几个自己的情人。王室联姻需要从政治和王朝的角度来理解,正如其他社会阶层需要从财产或利益的角度来看待婚姻——两国联合,或者给新娘家里添个男性劳动力。彼时,为爱结婚既是一种完全不负责任的怪癖,也是一种资源上的浪费。一旦有了孩子,夫妻双方若还想和对方发生性关系,这在当时看来是非常奇怪的想法,甚至根本就是变态。

德国莱比锡，1774 年 4 月

约翰·沃尔夫冈·冯·歌德出版了《少年维特之烦恼》，这部小说成了接下来 30 年间欧洲最受欢迎的小说。该书对新浪漫主义思想的婚姻观做出了精彩的阐释，认为我们结婚的原因应该只有爱，无论是从情感、宗教还是从社会公德上来看，和婚姻关系以外的人上床都是一件极为罪恶的事。尽管如此，这部小说也承认，出轨可能是一件非常诱人的事，而且出轨的欲望并不受法律的约束。小说的主人公维特对一位已婚女性一见倾心，但是，由于两个人根本没有未来，而维特又无法抑制自己的渴望，因此别无选择的他最后只能结束自己的生命。小说里着墨最多的就是出轨以及出轨的欲望既可以带来无穷的快乐，又可以带来无尽的灾难。这时，婚姻不仅仅是现实利益的结合，还要靠爱情维系，那么风险就要大得多了。

一、出轨简史

法国巴黎，1857 年 2 月 7 日

法国作家福楼拜曾被指控其小说《包法利夫人》是淫秽之作，但最后法院宣布福楼拜无罪。这是第一部详细描述婚外性关系的小说。小说女主人公爱玛·包法利出轨的原因在当时的社会看来应该受到强烈谴责——她对丈夫失去了性趣。但这个原因在路易十五时代不足为奇。

我们处于坚决维护浪漫婚姻的时代，理想中的婚姻应该建立在持久的爱情和激情的基础之上，所以婚外情就成了一种骇人听闻的现象。浪漫主义认为，夫妻双方应该成为彼此生活的全部，共同养育子女、经营家庭、充当对方的性伴侣和灵魂伴侣。正是这种想法让出轨从一个问题变成了一种悲剧。19 世纪下半叶，许多伟大小说的核心主题都是出轨。从《安娜·卡列尼娜》到《米德尔马契》，男女主人公在出轨之后的下场都是非死即伤，或者社会地位严重下降。

美国迈阿密，1987 年 5 月 3 日，星期日

《迈阿密先驱报》报道称，已婚的民主党总统候选人加里·哈特与一家制药公司的销售代表唐娜·赖斯有染。截至发稿，哈特在总统竞选中一直处于领先位置，但由于出轨丑闻，他的支持率一落千丈。经历了一个星期的辩解和道歉以后，他退出了竞选。世界上最强大的国家之一的领导权，在很大程度上由婚姻忠诚度决定，这个时候婚外情不只是一件私事，而且已经成为一种对道德价值最严峻的考验。

万维网，1992 年 5 月

新闻组"多边恋"成立，首次将多边恋正式定义为"在所有相关伴侣完全知情和同意的情况下，同时拥有一段以上性爱关系的行为、状态或能力"。多边恋主张从浪漫主义理论的紧张氛围中脱离出来，与其只爱一个

人,然后因为出轨的欲望谎话连篇,不如坦诚地接受和享受多边恋。"婚外情"的概念有望在新一轮开放心态的浪潮中消失。然而,多边恋的主张很快就遭遇了反对意见,因为多边恋是与乌托邦主义一样天真的想法,完全忽视了人类的嫉妒能够产生的强大力量。

加拿大多伦多,2015 年 7 月

世界上最大的婚外情交友网站遭到黑客攻击,25GB的客户数据被盗。这次黑客攻击引起了媒体的思考:婚外情为何如此普遍?该事件曝光后,不难想象人们愤怒的反应。该网站的用户分析为我们揭示了出轨为什么有如此强大的吸引力。首先,人们都爱自己的伴侣,并且想要维持自己的婚姻关系。其次,由于无聊、激情和欲望各种因素的混合,人们会不由自主地被他人吸引。最后,他们非常清楚出轨会招致愤怒与痛苦,而自己的伴侣肯定无法接受这一点,所以他们不得不欺骗对方,这

与多边恋者所希望的正相反。对全球数百万人来说，出轨的悖论就摆在面前：既极度渴望婚姻，也同样渴望能与新人做爱；既不想完全忠诚，也不想完全单身。在这次黑客攻击之后，这种隐含的悖论浮出水面，造成了尤为严重的后果：2015 年 8 月 24 日，在自己的用户身份被曝光后，新奥尔良浸会神学院的一名牧师兼教授自杀身亡。

显然，在浪漫主义的庇护下，人类共同进化出了一套非常迷人却又非常严苛的思想——婚姻应当以爱情为基础，而出轨是对爱情的直接否认，因此出轨也就成了一个人能做的最残忍、最伤人的事情之一。然而，很多在其他方面可敬的人经常出轨，或者至少非常想出轨。人类现在已经陷入极为艰难的僵局。那么在未来，出轨会如何发展呢？

火星赫拉斯盆地，2150 年

此时，人类已经殖民其他星球，在出轨问题上有了新的思考。通过在大脑左侧颞叶进行植入，任何与性占有和嫉妒有关的情感都会被消除。由于神经外科的发展，我们已经可以接受自己的伴侣和另一个人发生性关系和保持亲密，不会再受到伴侣出轨的打击。人类终于能够相信"出轨没什么大不了"这句话了。

与浪漫主义时代一样，人们仍然会因爱结婚，享受传统的持续而深厚的亲密关系；同时，可以像法国国王路易十五和印加帝国皇帝阿塔瓦尔帕一样，享受快乐的婚外情，又不用见证悲剧。在火星上的公寓里，人类怀着怜悯之心回望浪漫主义时代由出轨带来的危机，也对浪漫主义时代之前那种唯利是图的冷漠婚姻感到不寒而栗。火星上的人类认为自己已经进化出更加复杂和人道的特征，这种想法不无道理。

但就目前而言，我们仍然需要受到地球环境的制约。人类离这样一个没有摩擦的乌托邦还有很长的路要走，还要饱受折磨。

二、出轨的开端

"早在实质行为发生之前,
　出轨就已经开始了。"

一旦发现伴侣出轨,我们作为承受背叛与痛苦的一方,一般都会问出轨是从什么时候开始的。我们想准确找到出轨发生的时间,希望找到伴侣出轨的动机,找到能够预防这种事再度发生的办法。

可以理解,我们都想知道他们是什么时候相遇的,想知道他们是什么时候开始身体接触的。我们猜想他们在应酬之后单独出去喝了一杯,或者在网上认识,或者在派对上打情骂俏之后过了几天又见面。我们的关注点都在具体的细节上:他们的膝盖在餐桌下贴在一起,他们用手臂环住了对方的腰,他们第一次隐瞒自己去了哪儿或者给谁发信息。

这种侦探工作看起来是理所当然的,但我

们忽略了一个复杂的因素：出轨的开端并不是两个搞外遇的人的相遇。早在实质行为发生之前，出轨就已经开始了。出轨的开端在于夫妻感情出现微小裂痕，这种前兆可能比任何一个情人的出现都要早很多年。

历史学中也有相似的问题需要警惕。大家都想知道重要历史事件的开端，比如，法国大革命是从什么时候开始的？这个问题的标准答案是1789年的夏天，当时三级会议代表进行宣誓，要求持续开会讨论，直至在章程上达成一致；答案也可以是，几天以后，巴黎人民攻占巴士底狱。但是，如果我们考虑更加复杂的因素，打开思路，就会发现法国大革命的开端其实要更早一些：可能是前十年的农作物歉收，可能是18世纪60年代法国在北美战败后王室失去民心，也可能是19世纪中叶强调人权的新思潮兴起。在当时看来，这些似乎都不是什

二、出轨的开端

么决定性事件，没有马上导致重大的社会变革，也没有揭示自身残酷的本质，但这些事件缓慢而有力地推动了整个法国走向1789年的大革命，正是这些事件让法国做好了革命的准备。

同样，出轨也不是从哪次会议上的会面或者哪次派对上的悄悄话开始的。关注对方去迈阿密的旅行或者网站的浏览记录并不是关键。关于谁应该受到谴责，以及为什么要受到谴责，整个概念极其复杂，而且没有明确的定义。我们需要关注的应该是：三年前的夏天，我们那次在厨房聊得不是很开心；五年前打车回家的时候，我们坐在车里生闷气。早在出轨事件发生之前，我们早已为出轨做好了铺垫。

以下是最终选择出轨的人可能会提到的一些原因。这些原因看似微不足道，却成了出轨事件真正的导火索。

1.
伴侣无休止地忙碌

那是一个星期日的早晨,伴侣刚忙完一个耗时几个月的大项目,自己也一直表现出理解。现在他终于忙完了,自己满怀期待,想和他一起放松一下,去咖啡馆坐坐。但突然,他的脸被屏幕照亮,他又得用手机忙新的事了。他的目光转向别处,显得冷酷又坚定。也可能是,本来终于有机会一起在公园里安静地享受周末了,但他突然想待在家里把橱柜重新整理一遍,态度还非常坚决。

2.
伴侣对自己漠不关心

自己出差忙得疲惫不堪,只能在会议间隙抽出时间给伴侣打电话。他虽然接起电话,但能听到他还在看电视。他忘了我一会儿还要演讲,自己也不想提醒他,否则得到一句敷衍的"你真棒",真的是有点自取其辱了。

3.
伴侣让自己难堪

　　我们和几个还不太熟悉的新朋友在一起,本想给他们留下好印象。可伴侣想逗他们开心,于是考虑了一下,给大家讲了我在工作中放错了幻灯片的故事。他还真是会讲故事呢,成功地用我的尴尬把现场所有人都逗笑了。

4.
伴侣控制欲强

伴侣没有事先和自己商量就安排跟他的爸妈一起吃午饭。自己也不是不想去,而是介意他觉得没必要问一下自己想不想去或者时间上是否方便。有时候,他没跟自己商量就买了一个新水壶,还把旧水壶扔掉了,根本不给自己发表看法的机会。有时候,他只是告诉自己一些指令——"把垃圾扔了""去超市买点晚饭""换双鞋"——根本不会加上"麻烦你""你介意吗"或者"如果可以……就更好了"这些话。他只需要多说这么几个字,就会让人有非常不一样的感觉。

5.
伴侣跟他人打情骂俏

　　自己和伴侣一起参加聚会时,看见他在房间的另一边和别人相谈甚欢。他把身子向对方倾斜,说着什么,露出迷人的笑容,还把手搭在对方的椅背上,后来却说他们聊得很没劲。

6.
伴侣输出太多观点

不是说会产生多少分歧,而是说他有太多要表达的观点,在自己耳边喋喋不休。也许印象特别深刻的一次是:本来在海边无比快乐,他却又一次提起之前那次泰餐外卖有多差劲,于是两人又吵了起来。与此同时,自己有了一种灵魂出窍的感觉,飘忽着,低头看见两人站在码头,脸上都带着气鼓鼓的神情。自己不由得心生疑惑:"怎么回事啊?"

7.
伴侣不够温柔

有一次，自己和伴侣在市场附近的街上走着，想牵他的手，他却没有注意到。还有一次，他在厨房的桌边忙着什么事，自己过去用胳膊搂住他的肩膀，他却厉声说"别闹"。在床上躺着的时候，自己总是会转过去面对着他，亲亲他，跟他说晚安。他也会回应，但从来都不会主动亲吻，说一句晚安。这么做看上去无可厚非，却会让人非常生气。

8.
对伴侣失去"性趣"

自己一直有着某种性幻想,但跟伴侣说起来的时候,会觉得有些尴尬。自己试着暗示对方,但他好像不是很感兴趣,也没鼓励自己尝试。他让自己觉得,这种事情自己感兴趣就行了,别去打扰他。

前面这些事,每一件单拿出来都不是什么大事,一些比这还要微不足道的小事可能每天都在发生。而且,事情也不会只发生在其中一方身上,两个人可能都无意中犯过这样的错误。

然而,认真研究过出轨历史的人可能会把上述瞬间定义为出轨的开端。早在聚会或者会议之前,可能自己都还没有意识到,就已经感受到了自己的婚姻关系中缺少一些重要的东西,而另一个人恰好能够弥补这份缺失。

一般情况下,发现伴侣出轨的时候,我们都会选择刨根问底,拿来他们的电话,询问他们出轨的细节,想知道他们都去了哪里;还会翻他们的邮件,认真检查每一笔消费记录。但这些努力为时已晚,不仅找错了方向,还有些自私。我们应该研究的是在第三者出现之前都有哪些线索。真正的出轨并不是从性行为或者色情短信开始的,只是我们觉得这些事对我们的婚姻冲击最大而已。出轨真正的开端可能是多年前一个阳光明媚、风

二、出轨的开端

和日丽的下午,别的人表达了关心,伸出了援手,而自己的伴侣当时只表现出了冷漠。这么说虽然会让当事人觉得自己的婚姻非常痛苦,而且两个人都没有准备好面对,但是这样定义出轨的开端可能更加准确,也能帮助我们更好地了解出轨是什么时候开始的。

三、什么样的夫妻关系更容易导致出轨

"婚姻的关键在于,
双方都要对伴侣形成依恋。"

矛盾本身并不能代表一段婚姻的破裂，重要的是矛盾是如何化解的。脆弱的婚姻关系中，夫妻不一定是吵得有多激烈，嚷嚷着要离婚或者骂对方是个傻子然后摔门而出，而是明明能感受到感情中的隔阂和裂痕却找不到原因，也不知道怎么修复。

想要有效化解婚姻中的矛盾，双方需要具备以下品质。

首先，双方都能够尽早准确地找到自己情绪产生的根源，找到自己难过的真正原因；还需要明确为了婚姻关系健康发展，自己到底需要哪些东西。找到答案可能没有我们想象的那么简单。我们需要时间和洞察力才能发现，原来未接来电或者更改度假计划这样的问题才是愤怒的真正来源。

其次,我们都应该说出自己的感受,这同样重要。我们不必做一个"好人"或者一定要避免挑起争端。我们感到痛苦的时候,无论这件事看起来多不起眼,只要它给我们造成了困扰,我们都应该告诉对方。几个晚上的争执总要比让整段婚姻都毁掉好得多。

我们需要乐观看待婚姻关系的发展,认清婚姻中失望与摩擦不可避免。即使在某些问题上出现分歧,我们也不必小题大做,觉得这就是婚姻该结束的地方。

最后,还有一个起到辅助作用的技能,就是学会表达。选择恰当的表达策略很重要。问题刚出现的时候可能并不是解决问题的最佳时机,或许要等两个人的气都消一些,没准是第二天早上。我们得对自己的婚姻有些信心,不要在恐慌和指责中对伴侣说的每一件事都加以

三、什么样的夫妻关系更容易导致出轨

反驳,也不要在对方心情太过低落,听不进去话的时候在房间里大喊自己有多受伤。我们需要学会将自己的抱怨变成有说服力的观点,甚至还可以让自己的表达方式变得有趣一些,这样才更容易达到沟通的目的。

婚姻的关键在于,双方都要对伴侣形成依恋。但与此同时,如果事态真的升级,我们也要有积极的心态,能够勇敢地离开他们。意识到自己是有选择的,意味着我们不必因此而苦苦挣扎。我们能感受到自己值得被用心对待,这会让声音平静下来,矛盾也会因此得到缓解。

婚姻最后以悲剧收场,多半是因为双方都不具备上述品质。不幸的婚姻中,夫妻不仅仅是爱吵架,而且不懂如何好好吵架。两人的身上都有各种各样的问题,导致双方无法有效处理情感当中的隔阂与愤怒。

1.

对婚姻过于乐观

讽刺的是，关系脆弱的夫妻往往对爱情心怀憧憬，他们认为婚姻幸福就意味着没有冲突。一旦以为自己找到了那个"对的人"，他们就会期待以后再也没有争吵，再也没有夺门而出的愤怒，再也没有闷闷不乐的下午。然而麻烦本身无法避免，一旦出现，他们就会觉得自己的爱情陷入了泥潭，觉得这些矛盾简直骇人听闻，觉得自己的婚姻在根本上就有问题。不切实际的憧憬让他们失去了沟通的耐心，也导致他们不愿花精力经营自己的婚姻。

2.
不了解自己的痛苦

关系脆弱的夫妻往往无法真正了解自己的痛苦。他们可能既不开心，又不知道自己究竟为什么不开心；他们知道自己的婚姻出了问题，但又无法轻易地发现问题出在哪里。他们没能明白自己感到愤怒是因为双方在金钱方面缺乏信任，或者自己感到伤心是因为对家里最小的孩子要求太严。他们发泄愤怒的时候找不准方向，也说不清需求，要么就是很笼统地批判，要么就是在细节上胡搅蛮缠。

3.
易于感到羞耻

人如果一直生活在羞耻之中，就会对自己存在的权利产生严重怀疑。过去经历的某件事可能让他们觉得自己并不重要，自己的感受不值得被重视，自己的幸福无关紧要，自己说的话也毫无分量。一旦有了伴侣，他们会像其他人一样受伤，却不会把自己的伤痛以别人能理解和为之动容的方式表达出来，而是生闷气，将情绪都隐藏起来，不会显露给别人。他们的内心也会感受到痛苦，但他们不会坦率地说出自己的怨念。等伴侣终于了解他们的内心，往往为时已晚，无法补救了。

4.
过度焦虑

想要让自己的抱怨起作用,就要懂得让对方听到抱怨并不是解决问题的唯一方法。哪怕自己的抱怨没有起作用,或者伴侣没有表现出妥协,依然可以活得好好的,还可以把自己的爱用在别的地方。发生争吵不代表婚姻岌岌可危,也没有谁会毁了谁的生活。

所以,不需要尖叫、恐吓、执拗或者唠叨。可以把自己想象成一个老师,用冷静的态度来表达自己的不满,不急不缓地说希望学生们都能好好学习,但不想学习也没关系。同理,等到第二天再说出自己的想法也不迟。

5.
自尊心过强

自尊心告诉我们,不要太在意一些听上去微小得可笑的事,不能让人觉得自己斤斤计较或者患得患失。在自尊心和担忧的双重作用下,人们可能就不会承认,伴侣没有拉着自己的手散步让自己不开心,也不会承认自己希望睡前能得到伴侣的拥抱。只有让内心成熟起来,才能接纳自己也会像孩子一样需要得到安慰和关爱。知道如何坚强地面对自己的脆弱是一项了不起的成就。很多时候,人们可能会"砰"的一声关上房门,戒备地说:"没事,我什么事都没有,快走开。"其实像一个委屈的孩子一样,偷偷抹着眼泪,渴望得到安慰和理解。

6.
不愿对话

　　关系脆弱的夫妻一般在童年都没怎么体会过有效的沟通和交流。他们的父母可能经常对彼此大喊大叫,对彼此感到绝望。他们可能从来都没见过分歧最终可以化为理解和同情。他们很希望别人能够理解自己,却不知道自己要怎样做才能得到理解。

以上这些因素的存在不代表出轨一定会发生，但它们都会造成情感上的裂痕，继而为出轨创造重要的先决条件。从表面上看，一对夫妻的生活风平浪静，他们搬到了新公寓，社交生活丰富，孩子们也很可爱。但如果仔细分析，我们就会发现婚姻背后隐藏着意想不到的风险。这种情况下，无论往后的生活看起来如何，出轨永远都不是由懒散、自我放纵或者缺乏自制力导致的，而是夫妻间长期的怨恨埋下的苦果。只不过，当下的幸福和忠诚让夫妻两人缺少深入挖掘的内在力量和勇气。

四、性在出轨中的作用

"通过身体上的行为去追求心理上的满足。"

人们在发现出轨的时候，经常会把出轨的一方描述成荒淫无度的人，说他们好色、淫乱，和畜生没什么区别，说他们的兽性压倒了理智。但是，针对性在出轨中的作用，我们也可以从一个更加哲学的角度通过一个看似愚钝的问题进行细致思考：为什么性如此美好？

其中一个答案可能听起来有些奇怪：因为人们有仇视自己的倾向，难以接受自己。与新的人发生性关系可以大幅削弱这种倾向。

长期的关系很容易让我们觉得自己一事无成，得不到钦佩与尊敬。家庭的经营、家务清单、财务问题以及婚姻带来的亲属关系都会让我们觉得对方很麻烦，不值得一直在他们身上花心思。家庭的氛围让我们觉得周围的人都脾气暴躁、忘恩负义。我们走进房间的时候，可能最先收到的隐含信息都是"又是你啊"。

生理距离上，我们会划出严格的界线保持自我。在这个世界上，只有一个人可以让我们以裸体面对，这个人可能不会在意我们的外表，甚至连个模糊的印象都没有。对其他人，我们则非常谨慎，让自己处在层层包裹之下。我们与大部分人的距离不超过30厘米。

突然之间，在出轨的时候，一切都变了。人们变得无所顾忌。本来人们一般只会让舌头发挥仅有的几种功能——说话或者吃饭，但出轨的时候，却可以用舌头去探索另一个人的口腔。一个人不再只是和伴侣的亲戚发生矛盾的人，也不再只是不做家务或者不赚钱的那个人，而是通过与出轨对象的肉体结合，在精神上得到接纳和认可的那个人。

表面上，可能出轨的行为是脱下别人的上衣，或者让别人帮自己脱掉裤子,但实际上这些行为意味着:世界上竟然有人想要挖掘其价值。

对于出轨的一方(他们可能因为发生婚外性行为而付出非常沉重的代价),性可能和性行为本身没什么关系,这里的性指的是一系列连续的活动,包括各种不同的非生理需求,比如温柔、接纳、关心和陪伴等。这是一种尝试,通过身体上的行为去追求心理上的满足——弥补自己与伴侣之间长期以来伤害很深的情感裂痕。

五、伴侣出轨时,我们感到沮丧的原因

"但如果他们一直以来都很孤独,这个问题就让我们吃不消了。"

可以想见，作为受到背叛的一方，我们肯定会关注对方具体的行为有哪些。我们一次又一次地想起自己的伴侣和第三者都做了些什么。一想到他们竟然能如此轻易地受到欲望的支配，我们就惊慌不已。

但是，为了理解我们为什么会感到绝望，我们需要对他们做过的事情做出区分。我们可能对其中的细节了解得不多，但可以大致把脑海中掠过的想法和画面分为两种。一是身体行为，比如牵手、拥抱等；二是情感行为，比如微笑着注视彼此，分享快乐与悲伤等。

通常情况下，出轨是由身体行为来定义的，而真正让我们感觉难受的却可能是有情感参与的出轨。严格来说，让我们痛苦的可能不是想象伴侣在第三者面前脱下衣服，而是想象他们的想法和感受，还有他们之间互相取的爱称。

这告诉我们很重要的一点：出轨中最关键、最主要的因素并不是性爱本身，而是性爱带来的联系、亲密和温暖。

这个想法打开了一条更加明确，可能也更加尖锐、实用和准确的路径，帮助我们了解与伴侣出轨有关的痛苦。问题并不在于他们有多饥渴，因为对方控制不住自己的性欲和我们没有关系，我们可以放心大胆地对他们进行道德谴责。但如果他们一直以来都很孤独，这个问题就让我们吃不消了，因为我们觉得自己难辞其咎。

六、出轨的"乐趣"

"在长期的婚恋关系中,
我们都是历史的囚徒。"

因为出轨可能会带来巨大的痛苦,所以我们在这里探究出轨的魅力和吸引力看起来可能太过残酷。在我们所处的浪漫主义时代,进行这样的探索可能会处处碰钉子。但是,只有先了解出轨为何有如此难以抵抗的魅力,才能真正了解出轨行为。如果对出轨的"乐趣"视而不见,我们就无法真正了解我们需要的婚姻关系。

虽然出轨具有很强的复杂性和戏剧性,但有几种情况仍然让人们觉得自己有需求、有必要出轨。

1.
展示被忽视的魅力

长期的婚恋关系中有一个核心的问题，就是一个人自身的认同感遭到了破坏，伴侣习惯用各种标签来概括自己。多年以来，在家里，自己得到的描述都是"专横""聪明""有条理""懒散"，或者"瞎担心钱的问题"。这些描述可能不无道理，但关键在于，这种标签太片面了。

然而，有了情人，人们就可以重新书写自己的故事。抛开伴侣对他们的看法，情人让他们对自己产生的感觉才是他们的魅力所在。在情人的陪伴下，他们可以展示自己在婚姻中不被重视的一面，他们会发现自己也

六、出轨的"乐趣"

有无忧无虑或者坚决果断的一面。他们不会被十年前自己给别人留下的印象束缚。在情人的眼里,他们竟然可以是非常有趣的人,也可以是非常松弛或者非常严肃的人,这些看法会让他们感到非常放松。而在伴侣的眼里,如果他们表现出这些特征,伴侣便会摆出一副权威人士的样子,告诉他们"真实"的自己应该是什么样子。

在长期的婚恋关系中,我们都是历史的囚徒,因为我们会一直记得曾经发生的事情。我们记得那个周末在城里休假的时候我们气得大声嚷嚷,记得那个圣诞节我们忘了买礼物,记得丢了工作以后我们整个夏天过得一团糟。我们并不想假装自己是什么样的人,只是想要一个适度得到原谅的机会,因为实际上我们还没有展现出全部的自己。

2.
可以表达善意

婚姻关系当中最危险的一点就是切断了人们对善良的渴望。人们经常在夫妻生活中为了自己的基本权利而斗争，导致没有机会表达对宽容和甜蜜的渴望。人们必须说服伴侣自己需要独处的时间；人们必须指明自己在某个问题上已经做出了妥协；人们必须在某些家庭琐事上表现得很坚决；人们必须经常提醒伴侣，他们没有履行对自己做过的郑重承诺；人们必须回击针对自己的尖锐言论。所以很多时候，人们感觉好像自己一定要斗争才能有自己的生活。

人们可能会因此变得心怀怨恨。在他们眼中，对方

六、出轨的"乐趣"

并没有善待自己,于是自己也变得不善良了。人们想为伴侣准备早餐,想给他们一个惊喜,但不会忘记他们在派对上怎么嘲笑自己,也不会忘记明明自己帮助过他们的兄弟姐妹,他们却忘恩负义。

然而,在婚外情中,人们可以抛开一直以来的警惕和怀疑。出轨的"乐趣"并不仅仅在于情人对他们有多好,而是自己也可以对他们很好,就像他们在青春期刚开始了解和憧憬爱情时那样。情人还没有伤害他们,也没什么理由让他们保持警惕。在酒店房间里,他们可以无拘无束地表达自己有多想帮助对方,多想倾听对方,多么慷慨。他们几乎不用做什么就可以让对方开心,可以关注对方的需求,对对方表现出特别的尊重,向对方表达由衷的赞美。情人让他们想到,在情感上吝于表达只会让对方难过。

3.
任务简单

人们在生活中扮演的角色太多了：为人父母，经营家庭，还要成为性伴侣和朋友。不出意外的话，大多数角色完成得都很失败。但出轨是一个很简单的任务。人们不用认真做家务或者认真研究对方的情史，不需要平衡辅导孩子做作业的时间和做爱的时间，也不需要讨好对方的母亲或者了解对方的内心。人们难得有这么好的机会只做好一件事。

4.
刷新对人性的信念

在长期的婚姻关系中,人们对伴侣的期待非常保守,因为知道人一般不会有多大的变化。他们逐渐接受了现实,知道自己很难说服伴侣,也接受了很多时候两个人都无法妥协,理解自己很难得到命运的眷顾。

而出轨是难得的喘息。人们已经成了现在的样子,但世界上有另一个人选择给他们一个机会,对他们另眼相看。对方不觉得他们有什么问题,选择忽略他们的缺点。这种感觉就好像通过对方独到的目光,他们在这个世界上重生了。

他们重新对人类有了一点信心。他们受到的激励逐渐渗透生活的方方面面。一个非常特别的人给他们带来了重新审视全部人类的力量。这么多年来，他们第一次以善意的微笑和开放的心态看待人的存在。

5.
终结性禁忌

人们逐渐习惯背负着一种想法，认为自己内心深处的很多想法别人都无法接受。性成了非议的重点。伴侣对他们内心深处私密的性幻想没什么兴趣。他们描述自己对某个同事或者火车上的某个乘客有着什么样的幻想时，伴侣会冲他们翻白眼。于是他们敏锐地察觉到，在带了一整天孩子以后，伴侣已经筋疲力尽，他们想要的那种性会让对方感到恶心。一段全新的恋情则没有这样的禁忌。对方接纳他们那些奇葩的特点，觉得这象征着信任和亲密。对方也渴望能做一些其他人嗤之以鼻的事情。他们一起做别人眼中恶心的事情，恰恰是为了证明内心的纯洁和承诺。

6.
带来更多不同体验

世界正在以微妙的方式变得越来越难给人带来惊喜，越来越陈腐。人们的期待不会再发生什么变化，人们的知识面似乎也已经确定。但人们从出轨对象身上看到生活要比自己想象中丰富得多，对方可以让自己从琐碎的细节中看到浩瀚的宇宙。对方对浴室或者厨房有着完全不同的想法，会阅读他们没读过的报纸，还在他们想不到的地方待过好几年。和对方在一起时，他们会去从来没去过的商店，看从来没看过的电影，听对方聊从来没听过的书和想法。对方涂果酱的方法独树一帜，对方读单词时有新的语调，对方的鞋子是自己没听说过的品牌，对方为自己提供了体验不同生活的机会。

7.
逃避被人了如指掌的命运

很多时候，人们最大的渴望就是别人能了解自己，而别人对自己知根知底却成了困住自己的牢笼。"我了解你"这句话既可以是一种馈赠，也可以是一种威胁，带有一种令人厌恶的权威感。伴侣自称非常了解他们，但遗漏了很多信息。出轨的发生就相当于给了"权威人士"当头一棒，出轨之人编造的一大堆谎言背后隐含的信息就是"你根本不了解我"。

伴侣自认为很了解他们在想什么，但对他们生活中真正发生的事情一无所知。伴侣可能会跟朋友说他们是什么样的人，却不知道他们已经定好了和情人去罗马约会的行程,也不知道他们在手机隐藏的应用程序里给热恋中的情人写了些什么。

秘密婚外情是为了逃脱被人了如指掌的命运。

8.

报复

虽然人们可能不敢这么说，但关于出轨的一切都存在一定程度的报复心理。他们的伴侣认为没有人会关心他们，傲慢地认为没有人会注意到他们，他们的存在理所当然。伴侣不愿意听完他们说的话，或者本来可以很轻松地做出让步，却非要残忍地反对他们的意见。伴侣会无情地践踏他们喜欢的东西，于是他们选择从自己的情人身上寻求补偿。

当然，大多数人对于出轨的态度都是厌恶。但如果没有上述这些原因，出轨就不可能像现在这样随处可见。正是通过研究出轨的"乐趣"，我们才能意识到想要长期维持婚姻有多难。出轨给了我们一个衡量标尺，让我们明白这些年我们在婚姻中到底给彼此带来了多少盲目又严重的伤害。

七、出轨带来的痛苦

*"但他们已经认识到，
　自己一直以来都是愚蠢的疯子。"*

人们认为出轨带来的问题显而易见,但依然可能对出轨带来的伤害大吃一惊。所以,我们应该试着未雨绸缪——当然并不是说这些问题能够(或者甚至应该)构成反对人们计划的决定性论点。

1.
每个人都很伤心

出轨之人一开始希望既能让自己开心,又能让情人开心,还能让伴侣一直开心地被蒙在鼓里。但随着故事的展开,情人会因为他们无法做出承诺而感到愤怒,伴侣会被他们的背叛压垮,他们对自己造成的混乱感到焦虑和痛苦,可能旁边还有孩子在哭泣。如果运气差,那么可能还会有邻居指指点点或者有媒体对他们进行谴责。他们受到谴责的原因并不是他们满足了自己的需求,而是他们竟然会妄想把这样的感情变成长久可持续的现实。

2.
不再理直气壮

出轨刚发生的时候，人们似乎摆脱了种种心理弱点，不再感到焦虑、自卑或者羞愧。但很快，他们也会走到阴暗面，而且还有附加的坏处：他们没办法继续把错误全归在伴侣头上，无法指责是伴侣阻止他们变成更好的自己。

3.
受到责备

刚开始的一段时间里,他们明确地把问题归于伴侣:是伴侣拖了他们的后腿,妨碍了他们的性生活,阻碍了他们表达自己的能力,压抑了他们的情绪,毁掉了他们成功的机会。但出轨这件事揭露了一个让人非常尴尬的事实:困扰他们的重大问题都来源于他们自身,与他人没有关系。人们可以从出轨的行为中看到,自己在和伴侣一起生活时经历痛苦,并不是因为伴侣。

4.
情人也是凡人

为了给自己出轨找一个冠冕堂皇的理由,人们不得不相信,自己的情人并非凡人,他们不得不相信他没有人类都有的顽固和愚蠢,也不存在他们在伴侣身上发现的任何问题。但随着出轨不断发展,他们意识到一个发人深省的事实:诚然,伴侣有诸多问题,而情人表面上看起来是天使,但也会有暴躁的时候,也会蛮不讲理,也会挑剔、刻薄、对人冷淡。他们发现自己必须接受一个让人难受的事实:爱是一个夸大人与人之间差异的过程。

5.
白日梦的破灭

在他们压力非常大的时候,只要婚外情还只是处在抽象感情的阶段,它就还可以作为一种安慰。他们可以告诉自己,如果生活压力太大,自己完全可以通过出轨来逃避。他们都知道出轨不容易,但它提供了避风港——有时甚至是一种威胁。如果把出轨变成真正的婚姻关系,他们就缺少了可以消遣的白日梦。

6.
愧疚

愧疚当然是出轨最大的危害。他们将自己的幸福建立在他人的痛苦之上。他们带来痛苦,他们让所爱的人淹没在悲伤里。在有虔诚信仰的年代,他们可以跪在神祇的雕像前祈求原谅。而现在,他们必须努力去乞求身边那些受伤和愤怒的人的原谅,只有这样他们才能得到灵魂上的净化。他们望着浩瀚的夜空寻求解脱,却一无所得。他们以为自己心地善良又通情达理,但他们已经认识到,自己一直以来都是愚蠢的疯子,只能对着泪痕斑斑的枕头低声诉说自己的悲伤。

# 八、如何减少出轨的可能

"保持婚姻关系完整靠的不是严格的纪律，而是亲密的情感。"

想要阻止对方出轨,传统方法是限制对方的行为和人际交往,比如不让他们单独参加社交活动,随时查岗,或者限制他们使用社交媒体。

但人们之所以会出轨,不是因为他们遇到了更有吸引力的人,而是在感情上与其伴侣脱节。因此,阻止伴侣出轨的最佳方法不是让他们少和外人接触,而是让他们快意人间,同时倾听他们,与他们达成和解。保持婚姻关系完整靠的不是严格的纪律,而是亲密的情感。

在实际生活中,要和伴侣保持亲密,我们需要正确识别并定期铲除两个问题——怨恨和孤独。我们越能清楚地告诉伴侣自己为什么感到恼火和失望,自己想要什么、在焦虑什么,他们就越能了解我们的需求，我们也就越不会怀恨在心，疏远对方，甚至通过和别人上床来报复对方。和伴侣进行坦诚的对话是最浪漫的事了，也最有利于爱情发展。在坦诚的对话中，我们可以向对方说明他们具体做了什么事让自己感到失望。坦诚地说出自己失望的原因是婚姻关系当中最有助于加深感情的事了。

为了让自己的"抱怨"产生更理想的效果，我们可以参考以下说法。

1.
"我有时候对你很失望,因为……"

这么开头听起来挺讨厌的。但后面如果接得好,就可以让双方变得更加温柔和亲密。坦言自己的失望为我们提供了一个难得的机会,让我们抛开愤怒的情绪说出自己的不满。这时候,对方听到的批评不再是一种攻击,他们会努力去理解我们的真正意图,学习如何在共同生活中少一些愤怒。

2.
"我希望你能意识到你伤害了我,因为……"

我们身上都背负着曾经受过的伤,这一点可以理解,也不可避免,却说不清也道不明。我们也许会觉得,受到伤害的时候说出不满显得自己很小气,也很丢脸。但问题是,如果伤害加深,伴侣之间的感情交流就会受阻。过不了多久,伴侣想和我们有肢体接触的时候,我们就会不由自主地躲闪。这句开场白为我们开辟了一个非常安全的空间,可以揭露伴侣无意中造成的伤害。可能是因为他们上周在工作中遇到了什么问题,或者他们的母亲遇到了什么事,或者他们出去跑步之前在厨房里无意中回了句什么话。关键在于,作为伴侣,不应该不闻不问,不应该否认伤害真的发生了。没有什么伤害无关紧要,只要影响到两个人的亲密程度,这件事就值得拿出来聊聊。

3.
"我身上让你最难理解的是……"

我们之所以会感到孤独，是因为我们身上有些重要的特点对方好像无法理解，也不想接受。他们并不是出于恶意才没有兴趣，通常都是因为他们没有什么合适的时机进行探索。在长期的婚姻关系中，我们误以为非常了解彼此，这种错误的想法会带来严重的后果。伴侣可能确实了解我们，但我们仍然需要耐心，有策略地跟对方解释他们不知道的事。人每时每刻都在发生变化，我们和上个月的自己可能已经判若两人，只是我们很难跟对方解释自己的变化和需求，甚至我们自己都想不清楚自己发生了什么变化。我们绝不能因为伴侣没有完全了解自己而感到愤怒，因为我们还没有学会和他们分享。

4.
"我希望你能认识到我的优点……"

我们想要的不是泛泛的表扬,而是在我们觉得自己值得被赞扬的时候,得到比目前敷衍的赞言多一点点的赏识。我们可能想让对方注意到我们的好意(虽然可能还未完全落实),注意到我们性格里可爱的一面,或者注意到我们身上的闪光点。这些可能都悄悄化解了潜在的冲突。我们需要提醒自己和对方,我们值得被爱。

5.
"生活中我不满意的地方在于……"

我们的不满和不安不见得都是因为伴侣的错。人们对出轨的渴望可能源于他们觉得没人愿意做自己的听众，觉得自己在职场感到焦虑，觉得自己没有同龄人成功或者富有。日复一日，我们往往无法解释清楚这些负面情绪都是从哪里来的。我们的伴侣能看出来我们不快乐，但不知道我们为什么不快乐。所以他们做出了最为直接的判断，认为我们只是说话难听或者脾气暴躁。

这句话让我们有了解释的机会，我们可以跟对方说，我们平时的愤怒和躲闪来自我们对生活的担忧和工作中的劳累。借用这句话开头，我们可以向对方证明我

八、如何减少出轨的可能

们本质上并不坏,只是渴望得到他们的肯定和支持,这样我们才能抛弃自轻和自卑的心态。

为了和伴侣保持亲近,抵抗出轨的诱惑,我们还需要极为坦诚地和伴侣谈论我们的性需求。如果我们能够讲出自己在性方面的需求,并且以同情、宽容和好奇的态度倾听彼此的需求,我们就能以最快的速度减少由性幻想引起的出轨。

以下说法可以用来引出我们在性方面的对话。

- 性生活上让我真正感到尴尬的是……
- 我希望你能理解,有的时候我想……
- 我希望我在性方面能改变……
- 我希望你在性方面能改变……

以上任何一个对话的开头都无法完全避免出轨的发生，但它们可以帮助我们找到问题出现的原因，弥补由怨恨产生的距离感或者身体上的孤独感，消除出轨的潜在诱因。我们应该少对自己的伴侣做出限制，比如禁止其和他人共进午餐或者独自旅行等，而应该多花时间让对方知道我们理解他们的缺点和困惑，让他们感受到我们对他们的认可。

九、出轨被发现后，理想的状况是什么

"出轨确实是件坏事,但并非不可理解。"

被发现出轨的时候，受到背叛的一方一般会非常愤怒，而出轨的一方则会表现出极度忏悔。出轨的人会承认自己做了非常可怕的事情，他们也懒得为自己辩解，而是懦弱地说自己是"白痴"。他们的伴侣会感到伤心和气愤，旁观者的话更是火上浇油。谁能想到出轨的伴侣竟然说了那么多谎，比如在给谁发消息或在开什么会；还谎称自己去洗澡，结果却是和别人在上床。出轨后，会有严厉的指责、痛苦的泪水和长期的怒火。婚姻关系可能就此结束，也可能持续下去。但无论如何，在很长一段时间内，这段婚姻里肯定会有大量的敌意和怀疑。出轨的一方知道，自己现在有什么不满都不能表达出来，也不能指望自己得到任何怜悯或者温柔。他们要做的只有赎罪，而赎罪可能永无止境。

但我们还可以勾勒出另一种可能，先来想象理想的情况。在这种情况下，出轨被揭露以后，双方关注的重点不再是性行为、酒店会面或者浴室亲吻，而是将出轨视作婚姻里那些矛盾的外化表现，这样双方可以在平和的心态下探索和解决那些矛盾。真正的问题是"出轨的原因是什么"而不是"你竟敢出轨"。

我们关注的是，出轨的一方为什么有了出轨的念头。我们的讨论不由嫉妒操控，而是以开放的心态去探究。我们不想知道他们在什么时候见了面，或者在海边的民宿里发生了什么，而是想要知道在出轨的实质行为发生之前，我们在感情上是怎样开始疏远的。

在讨论的过程中，双方可能会发现，自己过去是怎样将对方的付出视为理所当然的，其中一方又是怎样觉得自己被误解、抛弃和忽视的，还有为什么他们难以说出自己受伤的心情，以及以后怎样做才好。不只是出轨的一方检视自己的问题，另一方也会很成熟地认为自己也有问题。遭到背叛的人会承认，走到这一步不只是出轨一方的责任，而出轨的一方也不会纠结于自己的出轨行为，让他们真正感到担忧和悲伤的是，自己没能在痛苦刚出现的时候就及时、恰当地表达自己的想法，而是放任自己的痛苦日益增强，和伴侣日益疏远。他们会发现自己的错误并不仅仅在于和别人发生性关系，而在于没能及时地与伴侣沟通自己在情感上受到的伤害。

这样的话，婚姻非但不会遭到破坏，反而会得到改善，因为夫妻双方可以更好地解了出轨的诱因，并学会避免这些情感矛盾。以后回顾自己的婚姻关系时，他们会将这段婚外情视为一个重要的转折点。自此之后，他们逐渐学会对彼此更有耐心，更能理解对方，也变得更善于沟通了。

诚然，这只是理想状态。很少有人能成为这样的模范。发现对方出轨的时候，我们很可能失去理性。不过，虽然生气，感觉自己遭到了背叛，但我们依然要乐观地认为，出轨是可以被认识和了解的，不是偶然发生的现象，也绝非空穴来风。出轨确实是件坏事，但并非不可理解。出轨的人犯了严重的错误，但另一方也可能在其中起到了推波助澜的作用。我们不应该一刀切地将出轨视为一种卑鄙的欲望，觉得对方出轨就是想要结束这段婚姻，而是要把出轨当成对亲密关系的一种错误而扭曲的恳求——即使对方的行为是错误的，但其内心迫切想要表达自己的渴望和需求。

十、如何减少出轨的冲动

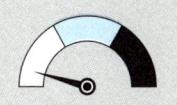

"对出轨的渴望永远都不会完全或者自动消失。"

在理想的世界中,婚外情不会持续威胁那些奉行一夫一妻制的人。婚姻中的双方会很快意识到自己的感情出了问题,并及时采用直接的方式来表达自己受到的伤害,从而避免这些问题成为婚外情的导火索。或者,如果出轨行为已经出现,两人就会把相关的性行为解读为两人情感出现隔阂的表现,然后通过坦诚的讨论来纠正自己的行为。出轨的一方不会受到恐惧和愧疚的折磨,而被出轨的一方也不会受到愤怒和背叛的摧残。

但人性和我们的社会有一些积习,严重阻碍了这种乌托邦的实现。我们每个人免不了会经历情感上的隔阂,只是程度各有不同,而且很多时候我们甚至都意识不到隔阂已经出现。

我们一般也没办法及时意识到对方到底有多郁闷，甚至也意识不到自己有多痛苦。我们还很难解释清楚自己为什么生气，也很难在日常生活的起起伏伏中保持专注和冷静。

因此，对出轨的渴望永远都不会完全或者自动消失。那么，我们有什么办法可以减少出轨的冲动呢？以下是几种可以参考的方法、思维以及行为。

1.
关系疗法

　　长期的婚姻关系中不可能没有摩擦和失望,也不可能没有误解和沟通上的失误。双方永远都会有不同程度的不满。为了应对这种情况,现代的浪漫主义文化建议我们要多花点时间在一起,"多说说话"。浪漫主义认为,解决问题可以是一个自发和本能的过程,我们需要做的就是创造更多的机会,比如在安静的地方共进晚餐,或者一起在乡间散步。这是个美好的想法,但在现实中不太可能实现。对彼此的不满若日积月累,两个人就很难准确有效地说出自己的烦恼,更容易情绪崩溃,感到受伤,或者闷闷不乐,又或者陷入恶性循环,不断指责对方。

关系疗法运用了一种截然不同的观点。在心理咨询过程中，首先就要承认，两个人一旦对彼此产生了怨恨心理，想要进行建设性沟通是非常困难的。我们如果想要成功地解决问题，就需要系统性指引，通过提出问题，帮助发现自己压抑的愤怒究竟都来自哪里。心理咨询师需要去倾听那些没有直接说出口而只是间接暗示的话；需要从大量夸大或者愤怒的言论中提炼出重要信息；需要对客户的冲突保持冷静，因为他们已经见过太多类似的矛盾了；还会把谈话引到意想不到的方向，让谈话起到更好的作用，比如讨论在两人素未谋面的时候，有哪些因素潜移默化地影响了他们的结合。

这种心理咨询并不是为了建立完美的关系，而是为了提高双方对情感裂痕的忍耐程度。这样的话，就可以减少两人之间的怨恨，也可以尽量避免婚外情的出现。关系疗法可以引导婚姻中的双方降低自己的期待，认为感情只要说得过去就可以了。虽然"过得去"可能并不是一种理想的婚姻状态，但这种状态更加健康。

虽然看似只有当婚姻快要走向尽头的时候我们才会去注意关系疗法，但实际上，它是阻止婚姻走向失败的最强有力的工具。

2.
找到可以谈论性话题的朋友

浪漫主义文化要求伴侣扮演我们生活中的各种角色。而我们可以选择更宽容一点，认识到我们有时可以选择其他朋友来弥补伴侣缺位的角色，而不应该将这种行为视为罪恶或者背叛。

在某个时刻，我们可能会遇到某个人，和对方在性方面有很多共鸣。可能在什么聚会上，对方说了自己的什么性癖，让我们很受触动；在聊天的时候，一旦讨论到某个和性有关的话题，对方就会非常可爱地笑起来，热烈地回应这个话题。我们从对方的穿着、动作或者对方讲的小事中感觉到，对方在性方面可能也会理解我们。

十、如何减少出轨的冲动

这种情况下，并不存在实际的出轨行为，我们可能也不希望自己的婚姻关系遭受任何的伤害，只是我们和这个人在一起的时候，觉得自己的性癖能得到理解和喜欢。在我们聊到自己性欲中那些奇怪的秘密时，对方会非常感兴趣，而且也会让我们了解其私密的性癖。我们会讨论自己的渴望、困难、烦恼，讨论我们觉得有趣或者刺激的事情。我们和对方在一起的时候感觉很舒服、很快乐，也察觉到自己的羞耻感明显减少。

我们不是情人，只是朋友，但通过交流，我们最终能得到极大的安慰。我们眼中自己那些奇怪的特征，在对方眼中却成了迷人而有趣的亮点。我们内心的孤独终于找到了渴望的陪伴。

如果能够找到一个愿意用这种方式和我们交流的人，我们婚姻中的压力就会减轻。我们没有必要把自己对每件事情的期待都寄托在伴侣身上。我们可以稍微从容一点地接受现实，有些时候，伴侣可能觉得我们的一些想法很无聊或者反感，这很正常。

因为没有发生性行为，也不会发生性行为，所以这种友谊就可能更容易被我们的伴侣接受。想要维持长期的婚姻关系，其中最为重要的一点就是要明白伴侣不是我们的一切。

十一、想要出轨也没那么容易

"大多数人在这方面可能都缺乏成功的天赋。"

不是每个人都可以出轨的。虽然我们可能会想象，所有人都有可能某一天因为冲动出轨，但"安全地出轨"需要一套并非所有人都具备的技能。

我们需要问问自己，"成功"出轨需要具备哪些能力，以及出轨为什么会失败。弄清楚这些问题，我们才能对出轨这一行为有更恰当的认知。

1.
坚信自己不被理解

想要毫不愧疚地出轨，一个基本的先决条件就是坚信伴侣没能欣赏自己的闪光点，而且永远无法通过广泛而深入的对话来弥补这种伤害。此外，这样的人肯定也能熟练掌握与之相似的一项技能，他们相信"对方本该知道"，他们认为伴侣心里清楚自己做得不够好，所以应该乐意理解他们（甚至不需要他们说什么）。他们觉得伴侣没能履行好义务，没有给自己提供安慰，没有让自己感到幸福。

2.
理想化他人的婚姻

擅长出轨的人总会臆想别人的婚姻没有那么痛苦。他们会觉得大多数婚姻里都没有紧张的谈话、无聊的夜晚,也不会因为一家人一起出去度假争吵不休。和自己的婚姻不一样,其他人的生活都很快乐,吃晚餐的时候非常和谐。别人的伴侣看起来更亲切,他们性生活更频繁,不会在车里吵架,也不会在节假日生闷气。自己的婚姻之所以一团乱,完全是因为受到了诅咒,他们需要破解这个诅咒。

3.
迅速转换角色的能力

出轨需要更强的能力来处理不同的情绪和氛围。前一秒他们还在爱抚着情人的后背,试着新买的成人玩具,下一秒就要出现在学校大门外接孩子,问那天下午的地理学得怎么样。他们需要保证和伴侣的家人一起吃晚饭的时候,自己的想法不会脱口而出,也不会从表情中泄露出来。他们需要在心理上建造非常坚固的保险箱和堡垒。

4.
毫无心理障碍地完成欺骗

擅长出轨的人在编造故事的时候知道应该如何表现坚定和坚决的态度，能完整地讲述自己在阿根廷怎么过的周末或者在河内怎么开的会。伴侣如果问到在给谁发消息，他们必须立即想出答案。他们可能只有几分钟的时间来解释午餐的时候和谁在海鲜餐厅吃饭。这种能力可以帮助他们（哪怕只是暂时）相信自己所说的谎，将他们从事实中解放出来，并完全认可自己编织的幻想。为了让人信服，他们需要想象出特别清晰的画面：他们真的是和一位阿姨在餐厅吃饭，他们的手机周末的时候确实没电了。擅长出轨的人能立即相信自己真的养了一只狗，而且狗真的把作业吃了。

5.
擅长自我辩护

擅长出轨的人知道如何稳住局面,也知道该怎么提醒自己为什么这段婚外情不是空穴来风——虽然这么做肯定不对,但他们有权利出轨,因为自己的伴侣破坏了去年的假期,因为伴侣很少倾听,因为伴侣很少主动,因为伴侣在孩子小的时候总发脾气,因为伴侣经常拒绝自己分享政治观点,因为伴侣有一次扔掉了自己最喜欢的书或者外套。擅长出轨的人熟练掌握怎样让自己感到无辜,怎样对自己产生同情,而且不让同理心或者其他观点阻碍他们所谓的"复仇"计划。

6.
拥有强大的心理素质

出轨的人永远都无法预测伴侣的反应。伴侣可能会突然打电话给律师或爱管闲事的邻居，可能去社交媒体上曝光，可能戏剧性地闹离婚，可能让出轨者的工作中充满流言蜚语，也可能让孩子受到伤害。出轨的人清楚地知道所有风险。他们还知道，冰川可能会融化，核弹头可能会落入恐怖分子手中。但他们的心理素质需要非常强大，只关注大概率会发生的事情，而不去关注极端情况下会发生的事情。他们需要做到在性行为过后疲惫地躺在情人身边时，哪怕听见外面街道上的警笛声，也丝毫不担心警察会冲着自己来。

7.
想象力极度匮乏

出轨这件事单独来看非常刺激,所以会吸引那些对生活感到厌烦的人,吸引那些工作和生活一成不变的人。他们囿于陈旧的生活,无法从朋友、旅行、艺术或者思想中获得任何快乐。出轨对于想象力匮乏的人来讲特别具有吸引力。

出轨的想法对某些人可能非常有吸引力。但是在真正出轨的过程中,他们可能会发现,自己对出轨带来的东西并不是真的很感兴趣。他们在说谎的时候会体会到前所未有的焦虑,在游乐场也会因为愧疚而感到恶心。

十一、想要出轨也没那么容易

经历了这些后,他们可能会发现,他们的性格不适合出轨。可以说,出轨需要"技能",而大多数人在这方面可能都缺乏成功的天赋。

十二、出轨者的经典结局

"出轨迫使出轨者放低姿态,
　永远地抹去其优越感。"

出轨既能尝到甜头，也会遭受痛苦，或许没有事会比它更彻底地剥夺出轨者的资格。也就是说，出轨者无力苛责他人不正当的行为以及愚蠢的举动。

出轨会让当事人深陷谎言之中，变得急躁、脆弱、怯懦、混乱、多愁善感。自此之后，当他们听到别人以爱或者欲望的名义做了什么疯狂的事情，他们再也不能无动于衷或感觉高人一等。自此以后，他们的情感生活就有了污点，对自己的纯洁和忠诚不再抱有幻想。

出轨的一方将学会自嘲，知道自己无论在平时生活中看起来多光鲜亮丽，都离悲剧和疯狂只差毫厘。

出轨迫使出轨者放低姿态,永远地抹去其优越感,让他们坦然接受自己就是彻头彻尾的浑蛋。从始至终,从未改变。从踏出第一步开始,他们就失去了选择的权利,只能看着更多的人前赴后继地开启这段愉快过后悲惨、混乱、可怕的冒险。

图书在版编目（CIP）数据

如何面对婚姻的考验 / 英国人生学校著；马思遥译.
北京：中信出版社，2025.6. -- ISBN 978-7-5217
-7545-7

Ⅰ.C913.13-49
中国国家版本馆CIP数据核字第2025RA5248号

AFFAIRS
Copyright © 2019 by The School of Life
Simplified Chinese translation copyright © 2025 by CITIC Press Corporation
ALL RIGHTS RESERVED
本书仅限中国大陆地区发行销售

如何面对婚姻的考验
主编：［英］阿兰·德波顿
著者：［英］人生学校
译者：马思遥
出版发行：中信出版集团股份有限公司
（北京市朝阳区东三环北路27号嘉铭中心　邮编　100020）
承印者：北京联兴盛业印刷股份有限公司

开本：787mm×1092mm 1/32　印张：4　字数：60千字
版次：2025年6月第1版　印次：2025年6月第1次印刷
京权图字：01-2024-5471　书号：ISBN 978-7-5217-7545-7
定价：39.00元

版权所有·侵权必究
如有印刷、装订问题，本公司负责调换。
服务热线：400-600-8099
投稿邮箱：author@citicpub.com

"人生学校"系列

《该有下一次约会吗》
《还会找到真爱吗》
《真的真的准备好结婚了吗》
《我们能不能不吵了》
《如何修复破碎的心》
《该结束这段感情吗》
《如何面对婚姻的考验》
《为什么会爱错人》
《关于性,我们想得太少》
《如何面对爱情里的失望》
《情侣关系手册》(暂定名)

图书策划 中信出版·24小时工作室
总策划 曹萌瑶
策划编辑 蒲晓天 杨思艺
责任编辑 姜雪梅
营销编辑 生活美学营销组
装帧设计 APT

出版发行 中信出版集团股份有限公司
服务热线:400-600-8099 网上订购:zxcbs.tmall.com
官方微博:weibo.com/citicpub 官方微信:中信出版集团
官方网站: www.press.citic